AF363587

LA FIANCÉE

De Sarnen,

OU

LE RETOUR AU CHALET,

Ballet pantomime en trois tableaux,

DE LA COMPOSITION

De Mrs Aniel et Coraly,

MUSIQUE DU COMTE DE GALLEMBERG,

REPRÉSENTÉ POUR LA PREMIÈRE FOIS SUR LE GRAND-THÉATRE
DE LYON LE 15 DÉCEMBRE 1830.

LYON,

A LA LIBR. INDUSTRIELLE ET D'ÉDUCATION DE CHAMBET FILS,
QUAI DES CÉLESTINS, N.º 2;

ET CHAMBET, LIBRAIRE, PLACE DES TERREAUX.

1830.

PERSONNAGES.	ACTEURS.
ADOLPHE, jeune lycéen.	MM. DESFORGES.
BETTMANN, valet de ferme.	GIREL.
EMMA, jeune villageoise.	M.lle ELISA GUILLERMAIN.
Madame WILLIEMS, mère d'Adolphe, riche fermière.	M.lle J. NIQUE.
Mad. PÉTERS, mère d'Emma.	Mad. DESMARÊTS.
MARIE, jeune servante.	M.lle MARIA.
LE TABELLION.	M. LANCELIN.

Villageois et Villageoises.

✳✳✳

ACTE PREMIER.

Le théâtre représente la vallée de Sarnen ; à gauche, sur les deux premiers plans, le châlet de Mad. Williems avec un pavillon. A droite la chaumière de Mad. Péters. Au fond quelques collines.

SCÈNE PREMIÈRE.

Le lever du rideau offre un tableau animé. Des villageois se rendent à l'ouvrage, portant divers instrumens aratoires ; d'autres rapportent des champs des fleurs et des légumes ; quelques-uns sont occupés à remplir une charette de paille. Marie vide du lait dans un grand vase qu'on dépose ensuite dans le châlet. Bettmann achève de placer dans une petite voiture à bras les provisions qu'il doit conduire au marché.

SCÈNE II.

Mad. Péters sort de chez elle, et se dispose à aller rendre dans les environs l'ouvrage qu'elle a terminé. Emma vient ouvrir le volet de la maison, et demande à sa mère la permission de travailler sur le devant de !a porte ; celle-ci y consent. Bettmann, après avoir fait quelques révérences à Emma, s'approche de Mad. Péters, lui peint l'amour qu'il éprouve pour sa fille, et sollicite son consentement pour l'épouser. Loin de le rebuter, la mère d'Emma semble encourager ses vœux, et elle se retire au milieu des témoignages de satisfaction de Bettmann.

SCÈNE III.

Mad. Williems sort de son châlet, tenant à la main une lettre qui lui annonce le prochain retour de son fils. Après avoir donné quelques ordres aux villageois, elle aperçoit Bettmann qui s'est rapproché d'Emma, et le gronde de n'être pas encore parti pour le marché où il doit aller vendre ses provisions. Celui-ci s'excuse de sa lenteur, et promet d'être bientôt de retour. Il se met en effet en mesure de partir; mais le pied lui glisse, et sa charette, qu'il est obligé d'abandonner, lui passe sur le corps.

Mad. Williems, après s'être assurée qu'il n'est pas blessé, lui reproche vivement sa gaucherie. Bettmann se remet en route; à peine arrivé au milieu de la colline, il fait un mouvement de surprise, et redescend en toute hâte pour annoncer à Mad. Williems qu'il a aperçu son fils. Celle-ci s'empresse de courir au-devant de lui. Emma témoigne tout le plaisir que lui cause le retour d'Adolphe.

SCÈNE IV.

Adolphe descend la colline, accompagné d'un villageois qui porte sa valise et suivi de quelques habitans. Il vient se jeter dans les bras de sa mère; les villageois l'entourent et lui témoignent le plaisir qu'ils ont de le revoir. Emma s'approche et lui tend une main qu'il s'empresse d'embrasser. Il fait ensuite remarquer à sa mère combien il trouve Emma embellie depuis son dernier voyage. Bettmann, qui a remarqué les regards amou-reux d'Adolphe et tout l'intérêt que semble lui porter

Emma, s'approche du jeune lycéen et lui confie mystérieusement qu'il a reçu de Mad. Péters la promesse d'é-
pouser sa fille. Adolphe paraît fort étonné d'une pareille
confidence, et interroge de l'œil Emma qui semble lui
affirmer le contraire. Mad. Williems engage son fils à
entrer dans le châlet pour prendre quelques instans de
repos ; celui-ci témoigne le désir de rester sous la char-
mille qui est devant la porte.

Marie s'empresse de servir quelques fruits et quelques
rafraîchissemens à son jeune maître. Celui-ci offre à
boire au paysan qui a porté sa valise, et trinque avec
lui. Mad. Williems dit à Bettmann et aux autres villageois qu'il ne faut pas que l'arrivée de son fils les em-
pêche de vaquer à leurs occupations : tous se retirent
par divers côtés. Mad. Williems informe alors son fils
qu'elle a quelques ordres à donner au-dehors, et lui
promet de revenir promptement : elle sort suivie de
Marie.

SCÈNE V.

Adolphe s'approche d'Emma et l'engage à venir s'asseoir à la place qu'occupait sa mère ; Emma cède après
quelques hésitations aux instances de son amant. Celui-ci
lui renouvelle le serment de l'aimer toujours ; il lui
demande si de son côté elle ne l'a point oublié. Emma
lui laisse lire dans ses yeux qu'il est payé du plus
tendre retour. Adolphe va lui faire part du projet qu'il
a formé de demander sa main, lorsque Mad. Péters paraît. Au moment où elle se dispose à entrer chez elle,
Emma l'arrête pour lui annoncer le retour de l'ami de
son enfance.

SCÈNE VI.

Mad. Péters, après avoir embrassé Adolphe, le complimente sur la grâce de sa tournure ; elle engage sa fille à rentrer avec elle ; celle-ci insiste pour rester encore, et Adolphe joint ses prières aux siennes. La mère d'Emma commence à se douter de leur intelligence, et se refuse à demeurer plus long-temps. Elle rentre chez elle suivie d'Emma.

SCÈNE VII.

Adolphe veut profiter du moment où il est seul pour tracer à la hâte quelques lignes qu'il espère pouvoir faire parvenir à celle qu'il aime ; il est interrompu par l'arrivée de sa mère. Il cache ses tablettes et rentre avec elle au châlet pour ne lui donner aucun soupçon.

SCÈNE VIII.

Bettmann revient du marché ; après avoir remisé sa charette, il frappe à la porte d'Emma et lui offre le bouquet qu'il a rapporté à son intention. Emma refuse de le recevoir. Pendant ce temps Adolphe sort de chez lui et montre à Emma le billet qu'il a écrit pour elle. Celle-ci impatientée des instances de Bettmann, jette son bouquet à terre ; Bettmann se désespère de cette preuve d'indifférence, et Adolphe profite de cet instant pour glisser sa lettre dans le bouquet. Emma qui s'en est aperçue, redemande les fleurs à Bettmann qui, piqué d'un premier refus, ne le rend qu'à la condition qu'elle dansera avec lui. Vers la fin du pas, Bettmann agit de ruse pour ressaisir le bouquet, qu'il ne rend ensuite qu'en échange d'un baiser. Emma rentre chez elle.

SCÈNE IX.

Marie, d'après les ordres de Mad. Williems, vient préparer le souper dans le pavillon ; elle se fait aider par Bettmann et l'envoie chercher du vin. A son retour, elle va elle-même chercher quelques pièces du service, et pendant son absence Adolphe, qui épie le moment de voir sa maîtresse et qui craint d'être gêné par la présence de Bettmann, prend le parti de l'enfermer dans le pavillon, et cause un instant avec Emma sur le seuil de sa porte. Au retour de Marie, Bettmann l'accuse de l'avoir enfermé ; Marie affirme que ce n'est pas elle, et rit des menaces que lui adresse le prisonnier. Celui-ci furieux prend le parti de sortir par la fenêtre, dont il entraîne avec lui la jalousie. Marie s'enfuit pour éviter la colère de Bettmann.

SCÈNE X.

Les villageois reviennent de leurs travaux ; Mad. Williems et son fils sortent de leur maison et font distribuer du vin aux paysans ; ils se dirigent vers le pavillon, et pendant leur souper les villageois se livrent au plaisir. Aprés différens pas, la danse devient générale et termine ce tableau.

ACTE SECOND.

Le théâtre représente une double scène ; d'un côté l'intérieur de la maison de Mad. Péters, et de l'autre l'extérieur du châlet de Mad. Williems. Il fait nuit.

SCÈNE PREMIÈRE.

Emma est assise et tient son ouvrage à la main. Mad. Péters est endormie à sa droite près d'un métier à dentelle. Emma, après s'être assurée que le sommeil de sa mère est profond, tire de son sein la lettre que lui a remise son amant et passe près de la table pour la lire. Au moindre mouvement que fait Mad. Péters, Emma reprend sa place ; mais, voyant qu'elle continue à dormir, elle monte sur une chaise, entr'ouvre la fenêtre, et paraît très-inquiète de ne pas voir paraître Adolphe.

Mad. Péters se réveille, et témoigne son étonnement de ce qu'Emma a quitté son ouvrage. Elle lui en demande la cause ; celle-ci répond qu'elle souffre d'un violent mal de tête, et qu'elle a cru le dissiper en prenant l'air. Mad. Péters devine le motif secret qui a rapproché Emma de la croisée, et ne croyant pas au prétexte qu'elle a donné, elle lui ordonne de se remettre au travail. Emma, sensible aux reproches que sa mère lui adresse, sent quelques larmes mouiller sa paupière, et tire son mouchoir de sa poche ; ce mouvement fait tomber le billet qu'elle a reçu d'Adolphe.

Mad. Péters étonnée ramasse le billet et demande à sa fille ce qu'il contient et qui le lui a remis ; Emma s'excuse

9

et feint d'ignorer d'ou vient ce papier. Mad. Péters dit
l'avoir vu tomber de sa poche , et lui commande de le
lire ; Emma se dispose à obéir.

SCÈNE II.

Vers la fin de la scène précédente on a entendu sonner
huit heures. Adolphe est sorti mystérieusement du châlet
de Mad. Williems , et est venu se placer sous la fenêtre
d'Emma. Il donne sur sa flûte le signal du rendez-vous.
Mad. Péters devinant alors tout le mystère arrache des
mains de sa fille la lettre de son amant. Elle conçoit l'idée
de lui tendre un piége ; et pour avoir le champ libre elle
engage sa fille à rentrer dans sa chambre et à prendre du
repos. Celle-ci obéit à regret , et se retire. Adolphe témoigne l'inquiétude qu'il éprouve de ne point voir paraître
Emma.

SCÈNE III.

Mad. Péters, restée seule, se coiffe du chapeau de sa
fille, pose la lampe au fond de la cheminée, et va se
placer à la fenêtre ; Adolphe, qui ne voyant point
paraître Emma se décidait enfin à rentrer , aperçoit
Mad. Péters qu'il prend pour celle qu'il aime et lui
demande la permission de venir causer un moment avec
elle. Celle-ci semble hésiter, et Adolphe, sans attendre
un consentement positif, entre en franchissant la croisée.
Mad. Péters, dont il cherche à embrasser la main, rit
de la méprise, et n'oppose qu'une légère résistance.
Elle engage Adolphe à ne point faire de bruit, lui
tend une chaise , l'invite à s'asseoir, et à attendre son

retour ; elle sort ensuite furtivement, donne un double tour à la serrure, vient fermer le volet, et se dirige enfin vers le châlet de Mad. Williems.

SCÈNE IV.

Adolphe qui s'étonne de ne point voir Emma, se lève, prend la lumière cachée dans la cheminée, et, après avoir regardé autour de lui, voudrait bien entrer dans la chambre d'Emma ; mais la crainte de se tromper de porte le retient, il se décide à replacer la lumière dans la cheminée, et à attendre tranquillement le retour de sa maîtresse.

SCÈNE V.

Emma supposant sa mère endormie, sort de sa chambre, elle prend la lampe placée dans la cheminée et la pose sur la table. Tout-à-coup elle aperçoit Adolphe, et exprime tout l'étonnement que lui cause sa présence. Elle lui demande par quel moyen il a pu pénétrer dans la maison ; celui-ci paraît surpris à son tour d'une semblable question et lui rappelle que c'est elle-même qui a ouvert la croisée après qu'il a eu fait entendre le signal. Emma craignant que tout ce qui s'est passé ne soit une ruse de sa mère, veut s'éloigner ; Adolphe la retient, il lui demande un baiser, elle le lui refuse. Adolphe place une chaise entr'elle et lui, et lui embrasse la main.

Pendant cette scène, Mad. Péters a informé la mère d'Adolphe, que son fils s'est introduit chez elle pour faire la cour à Emma. Mad. Williems, refuse de croire à un semblable rapport. La mère d'Emma l'engage à venir s'assurer par ses yeux de la vérité de ce qu'elle avance. Celle-ci y consent. Elles sont près d'entrer lorsqu'au bruit qu'elles font à la porte, Emma se sauve tout effrayée dans sa chambre. Adolphe, ne trouvant point d'issue pour sortir, prend le parti de se blottir sur le manteau de la cheminée.

SCÈNE VI.

Mad. Williems arrive, précédée de Mad. Péters, qui témoigne toute sa surprise de ne point trouver Adolphe. Elle appelle Emma, et lui demande ce qu'est devenu le fils de Mad. Williems. Emma affirme ne l'avoir pas vu. Mad. Williems se moque alors de Mad. Péters, et lui fait entendre que son cerveau est dérangé. Celle-ci se fâche d'abord, puis, dans l'espoir de prouver qu'elle ne s'est pas trompée, elle prend la lumière et va visiter la chambre de sa fille pour voir si Adolphe ne s'y est pas caché. Elle en ressort presque aussitôt sans avoir rien découvert, et Mad. Williems, voyant son désappointement, se retire en lui riant au nez.

SCÈNE VII.

Mad. Péters, convaincue qu'Adolphe n'a pu s'échapper, songe au moyen qu'elle pourra employer pour le découvrir. Emma demande à sa mère la permission de se retirer pour prendre du repos, mais celle-ci redoutant quelque surprise d'Adolphe, ordonne à sa fille d'entrer dans sa propre chambre, et se retire elle-même dans celle d'Emma, après avoir éteint la lumière.

SCÈNE VIII.

Adolphe, n'entendant plus de bruit, se décide à descendre de son incommode retraite. Mais ne voulant pas s'éloigner sans avoir vu Emma , il va frapper à la porte de sa chambre. Mad. Péters l'entr'ouvre doucement et la referme en sortant sur lui dès qu'il est entré ; satisfaite enfin , elle appelle sa fille , et lui apprend qu'elle tient son amant sous clef. Elle lui demande ensuite de lui apporter le briquet ; Emma s'empresse d'obéir , et pendant que sa mère essaie de faire du feu , elle détache adroitement une des clefs qui pendent à sa ceinture , ouvre la porte de la chambre où est enfermé Adolphe , et vient remettre la clef où elle l'avait prise.

Mad. Péters , après avoir réussi à allumer sa lanterne , dit à Emma de l'accompagner chez Mad. Williems. Adolphe , caché derrière Emma , profite de l'instant où la porte s'ouvre pour s'évader ; à peine est-il rentré au châlet , que Mad. Péters et Emma viennent frapper à la porte ; il leur ouvre lui-même en se frottant les yeux comme quelqu'un qu'on éveille en sursaut. Emma rit de la surprise de sa mère. Mad. Williems, paraît à la croisée et lui demande si elle est enfin bien convaincue de son erreur. Mad. Péters , ne sachant plus que penser de la présence d'Adolphe , qu'elle croit enfermé chez elle , et furieuse des reproches que lui adresse Mad. Williems , rentre précipitamment en entraînant Emma.

TABLEAU

ACTE TROISIÈME.

Le décors est le même qu'au premier.

SCÈNE PREMIÈRE.

Au lever du rideau, Adolphe est assis dans le fond sur le revers de la colline, et paraît occupé à dessiner. Il espère voir sortir Emma. Bettmann apporte un mai qu'il vient planter devant la chaumière de Mad. Péters. Il s'applaudit d'avance de l'effet qu'une pareille attention produira sur Emma. Apercevant ensuite Adolphe, qui a les yeux constamment fixés sur la demeure de sa prétendue, et qui semble épier sa sortie, il se décide à se cacher sous les gerbes entassées sous le hangard. Adolphe qui l'a aperçu, ordonne à quelques villageois qui arrivent en scène au moment où il descend de la colline, de battre le blé sous lequel s'est blotti son rival, et ceux-ci s'empressent d'obéir; le malheureux Bettmann sort de dessous les gerbes tout meurtri des coups qu'il vient de recevoir.

SCÈNE II.

Mad. Péters, attirée par le bruit, sort de sa maison et questionne Bettmann sur l'accident qui paraît lui être arrivé. Adolphe lui raconte tout en feignant de plaindre son rival. Mad. Péters paraît n'être point dupe d'un pareil tour. Elle fait signe à Bettmann, qui veut lui parler de son amour pour Emma, de se taire devant Adolphe, et elle l'emmène avec elle dans son châlet. Adolphe surpris d'une pareille faveur accordée à Bettmann, s'approche de la porte dans l'espoir d'entendre ce qui se dit dans la chaumière. Bettmann ne tarde pas à ressortir et apprend à Adolphe qu'il va chercher le tabellion pour faire faire son contrat de mariage avec Emma.

SCÈNE III.

Cette nouvelle détermine Adolphe à faire à sa mère l'aveu de son amour. Celle-ci en paraît fort surprise, et refuse d'abord son consentement à ce mariage, en objectant la différence des fortunes. Mais, vaincue par les prières de son fils, elle lui permet enfin de demander à Mad. Péters la main d'Emma.

SCÈNE IV.

Bettmann revient triomphant avec le tabellion, et suivi de tout le village qu'il a pris soin de rassembler pour ses fiançailles. Mad. Péters sort avec sa fille ; Adolphe court à leur rencontre et leur annonce qu'il vient, avec la permission de sa mère, demander la main d'Emma. Mad. Williems appuie la prière de son fils, Emma se joint à elle, mais Mad. Péters objecte la promesse qu'elle a faite à Bettmann ; celui-ci, ignorant tout ce qui se passe, vient annoncer à Mad. Péters qn'on n'attend plus que sa présence pour signer le contrat. Adolphe lui déclare qu'il s'oppose à cet hymen, et que lui seul doit obtenir la main d'Emma, puisque seul il est aimé. Bettmann semble vouloir la lui disputer ; Mad.

Williems, pour terminer ce différend, offre à Bettmann de lui donner une dot pour en épouser une
autre, et celui-ci se décide, quoiqu'à regret, à renon-
cer à la main d'Emma, en faveur d'Adolphe. Les
deux amans sont fiancés, et un divertissement célèbre
leur bonheur.

TABLFAU GÉNÉRAL.

LYON, IMPRIMERIE DE J. M. BARRET. 1830.